1

SENDEBAR

LIBRO DE LOS ENGAÑOS E LOS ASAYAMIENTOS DE LAS MUJERES.

ANÓNIMO.

Códice de Puñonrostro con el inicio de Sendebar

Prólogo

El infante don Fadrique, fijo del muy noble aventurado e muy noble rey don Fernando e de la muy santa reina, conplida de todo bien, doña Beatriz, por quanto nunca se perdiese el su buen nonbre, oyendo las razones de los sabios, que quien bien faze nunca se le muere el saber, que ninguna cosa non es por aver ganar la vida perdurable sinon profeçía, pues tomó él la entençión en fin de los saberes. Tomó una nave enderesçada por la mar en tal que non tomó peligro en pasar por la vida perdurable. E el omne, porque es de poca vida e la çiençia es fuerte e luenga, non puede aprender nin saber, mas cada uno aprende qual le es dada e enbiada por la graçia que le es dada e enbiada de suso, de amor, profeçía e fazer bien e merçed a los que le aman.

Plogo e tovo por bien que aqueste libro fuese trasladado de arávigo en castellano para aperçebir a los engañados e los asayamientos de las mugeres.

Este libro fue trasladado en noventa e un años.

Enxenplo del consejo de su muger

Avía un rey en Judea que avía nonbre Alcos. E este rey era señor de gran poder e amava mucho a los omnes de su tierra e de su regno e manteníalos en justiçia. E este rey avía noventa mugeres. Estando con todas según era ley, non podía aver de ninguna dellas fijo. E do jazía una noche en su cama con una dellas, començó de cuidar que quién heredaría su regno después de su muerte. E desí cuidó en esto e fue muy triste e començó de rebolverse en la cama con muy mal cuidado que avía.

E a esto llegó una de sus mugeres, aquella que él más quería, e era cuerda e entendida, e avíala él provado en algunas cosas. E llegóse a él porque le veié estar triste, e díxole que era onrado e amado de los de su regno e de los de su pueblo:

-¿Por qué te veo estar triste e cuidado? Si es por miedo o si te fize algún pesar, fázmelo saber e averé dolor contigo. E si es otra cosa, non deves aver pesar tan grande, ca, graçias a Dios, amado eres de tus pueblos e todos dizen bien de ti por el gran amor que te an. E Dios nunca te faga aver pesar e ayades la su bendiçión.

Estonçe dixo el rey a su muger:

-Piadosa, bienaventurada, nunca quesiste nin quedeste de me conortar e me toller todo cuidado quando lo avía, mas esto -dixo el rey- yo, ni quanto poder he, ni quantos ay en mi regno, non podrían poner cobro en esto que yo estó triste. Yo querría dexar para quando muriese heredero para que heredase el regno. Por esto estó triste.

E la muger le dixo:

-Yo te daré consejo bueno a esto. Ruega a Dios, que Él que de todos bienes es conplido, ca poderoso es de te fazer e de te dar *fijo, si le pluguiere, ca Él nunca cansó de fazer merçed e nunca le demandeste cosa que la non diese. E después que Él sopiere que tan de coraçón le ruegas, darte á fijo. Mas tengo por bien, si tú quesieres, que nos levantemos e roguemos a Dios de todo coraçón e que le pidamos merçed que nos dé un fijo con que folguemos e finque heredero después de nos. Ca bien fío, por la su merçed, que, si gelo rogamos, que nos lo dará. E si nos lo diere, devémosnos pagar e fazer el su mandado e ser pagados del su juizio e entender la su merçed e saber que el poder todo es de Dios e en su mano, e a quien quier toller e a quien quier matar.*

E después que ovo dicho esto, pagóse él dello e sopo que lo que ella dixo que era verdat, e levantáronse amos e fiziéronlo así; e tornáronse a su cama e yazió con ella el rey. E empreñóse luego, e después que lo sopieron por verdat, loaron a Dios la merçed que les fiziera. E quando fueron conplidos los nueve meses, encaeçió de un fijo sano. E el rey ovo gran gozo e alegría, e fue mucho pagado de él. E la muger loó a Dios por ende. Desí enbió el rey por quantos sabios avía en todo su regno, que viniesen a él e que catasen la ora e el punto en que nasçiera su fijo. E después que fueron llegados, plógole mucho con ellos e mandóles entrar ante él, e díxoles:

-¡Bien seades venidos!

E estudo con ellos una gran pieça, alegrándose e solazándose. E dixo:

-Vosotros, sabios, fágovos saber: Dios, cuyo nonbre sea loado, me fizo merçed de un fijo que me dio con que me esforçase mi braço e con que aya alegría. E graçias sean dadas a Él por sienpre -e díxoles-: *catad su estrella del mi fijo e vet qué verná su fazienda.*

E ellos catáronle e fiziéronle saber que era de luenga vida e que sería de gran poder, mas a cabo de veinte años que le avía de conteçer con su padre por que sería el peligro de muerte.

Quando oyó dezir esto, fincó muy espantado. Ovo gran pesar e tornósele en alegría, e dixo:

-*¡Todo es en poder de Dios! ¡Que faga lo que Él toviere por bien!*

E el Infante creçió e físose grande e fermoso e diole Dios muy buen entendimiento. En su tienpo non fue omne nasçido tal commo él fue. E después que él llegó a edat de nueve años, púsolo el rey aprender que le mostrasen escrevir, fasta que llegó a hedat de quinze años e non aprendié ninguna cosa. E quando el rey lo oyó, ovo muy gran pesar e demandó por quantos sabios avía en su tierra e vinieron todos a él. E díxoles:

-*¿Qué vos semeja de fazienda de mi fijo? ¿Non ay alguno de vos que le pueda enseñar, e dalle he quanto él demandase, e avrá sienpre mi amor?*

Estonçe se levantaron quatro dellos que ý estavan, que eran nueve çientos omnes. E dixo uno dellos:

-*Yo le enseñaré de guisa que ninguno non sea más sabidor que él.*

E dixo el rey estonçes a un sabio que le dezían Çendubete:

-*¿Por qué non le mostraste tú?*

Dixo Çendubete:

-*Diga cada uno lo que sabe.*

E desí fablaron en esto. E después díxoles Çendubete:

-*¿Sabedes ál sinon esto?: ca todo lo conosçeré yo e non curo ende nada, ca ninguno non ay más sabidor que yo, e yo le quiero mostrar.*

E dixo al rey:

-*Dadme lo que yo pidiere, que yo le mostraré en seis meses que ninguno non sea más sabidor que él.*

E estonçe dixo uno de los quatro sabios:

-*Atal es el que dize e non faze commo el relánpago que non llueve. E pues, ¿por qué non le enseñaste tú ninguna cosa en estos años que estuvo contigo, faziéndote el rey mucho bien?*

Él respondió:

-*Por la gran piedat que avía de él non le pude enseñar, que avía gran duelo de él a lo apremiar porque cuidava buscar otro más sabio que yo, pues que veo que ninguno non sabe más que yo mostrase.*

E estonçe se levantó el segundo maestro. Dixo:

-*Quatro cosas son que omne entendido non deve loar fasta que vea el cabo dellas: lo primero, el comer fasta que vea el cabo dello que lo aya espendido el estómago; e el que va a lidiar fasta que torne de la lidia; la mies fasta que sea segada e la muger fasta que sea preñada; por ende, non te devemos loar fasta que veamos por qué: mostrar tus manos, fazer algo de tu boca e dezir algo por que farás de su consejo e su coraçón.*

E dixo Çendubete:

-*Que á en poder las manos con los pies e el oír e el veer e todo el cuerpo, tal es el saber con el coraçón commo el musgano e el agua, que salle de buena olor; otrosí el saber, quando es en el coraçón, faze bueno todo el cuerpo.*

Dixo el terçero de los quatro sabios:

-La cosa que non le tuelle el estómago después come con sus manos, que non aprende en niñez saberes; e la muger, quando a su marido non á miedo nin teme, nunca puede seer buena; el que dize la razón, si non la entiende nin la sabe qué es, nunca tiene seso al que la oye nin la puede después entender. E tú, Çendubete, pues que non podiste enseñar al niño en su niñez, ¿cómmo le puedes enseñar en su grandeza?

Dixo Çendubete:

-Tú verás, si Dios quesiere e yo bivo, que le enseñaré en seis meses lo que non le enseñaría otrie en sesenta años.

E dixo el quarto de los maestros:

-Sepades que los maestros, quando se juntan, conosçen los unos a los otros e despútanse los unos a los otros, e las sabidurías que an non conosçe uno a otro lo que dize.

E dixo:

-¿Farás lo que tú dizes? Quiero que me emuestres razón cómmo puede seer que lo así puedes fazer.

Dixo Çendubete:

-Yo te lo mostraré -dixo-. Mostrarle é en seis meses lo que non le emostrara otro en sesenta años, por guisa que ninguno non sepa más que él. E yo non lo tardaré más de una ora, ca me fizieron entender que en qualquier tierra que el regno fuese derechero que el que non judgue los omnes, que los libre por derecho, gelo faga entender, e non aya consejo que emiende a lo que el rey fiziere; si lo provare la riqueza fue por un egualdat e el físico fuere loçano con su fiesta, que non la emuestres a los enfermos bien commo tienen; si estas cosas fueren en la tierra, non devemos aí morar; pues todo esto te he castigado yo otrie; e te fize saber que los reyes tales son commo el fuego: si te llegares a

él, quemarte as, e si te arredrares, esfriarte as. Quiero yo, señor, que si te yo mostrare tu fijo, que me des lo que te yo demandare.

E el rey dixo:

-Demanda lo que quisieres, e si lo pudiere, fazerlo he, que non á cosa peor que mentir, más que más a los reyes -e el rey dixo-: *dime qué quieres.*

E dixo Çendubete:

-Tú non quieras fazer a otrie lo que non queriés que fiziesen.

E el rey dixo:

-Yo te lo otorgo.

E fizieron carta del pleito. E amos pusieron en quál mes e quál ora del día se avía de acabar e metieron en la carta quanto avía menester del día. Eran pasadas dos oras del día, Çendubete tomó este día el niño por la mano e fuese con él para su posada e fizo fazer un gran palaçio fermoso de muy gran guisa e escrivió por las paredes todos los saberes que le avía de mostrar e de aprender: todas las estrellas e todas las feguras e todas las cosas. Desí díxole:

-Esta es mi silla e ésta es la tuya fasta que aprendas los saberes todos que yo aprendí en este palaçio. E desenbarga tu coraçón e abiva tu engeño e tu oír e tu veer.

E asentóse con él a mostralle. E traíanles allí que comiesen e que beviesen. E ellos non salían fuera e ninguno otro non les entrava allá. E el niño era de buen engeño e de buen entendimiento, de guisa que, ante que llegase el plazo, aprendió todos los saberes que Çendubete, su maestro, avía escripto del saber de los omnes. El rey demandó por él dos días del plazo. Quando llegó el mandadero del rey, díxole:

-El rey te quiere tanto que vayas ante él.

Díxole:

-Çendubete, ¿qué as fecho?, ¿qué tienes?

E Çendubete le dixo:

-Señor, tengo lo que te plazerá, que tu fijo será cras, dos oras pasadas del día, contigo.

E el rey le dixo:

-Çendubete, nunca fallesçió tal omne commo tú de lo que prometiste. Pues vete onrado, ca meresçes aver gualardón de nos.

E tornóse Çendubete al niño, e díxole:

-Yo quiero catar tu estrella.

E católa e vio que el niño sería en gran cueita de muerte si fablase ante que pasasen los siete días. E fue Çendubete en gran cueita e dixo al moço:

-Yo he muy gran pesar por el pleito que con el rey puse.

E el moço dixo:

-¿Por qué as tú muy gran pesar? Ca si me mandas que nunca fable, nunca fablaré. E mándame lo que tú quesieres, ca yo todo lo faré.

Dixo Çendubete:

-Yo fize pleito a tu padre que te vayas cras a él, e yo non lo he de fallesçer del pleito que puse con él. Quando fueren pasadas dos

oras del día, vete para tu padre, mas non fables fasta que sean pasados los siete días. E yo esconderme he en este comedio.

E quando amanesçió otro día, mandó el rey guisar de comer a todos los de su regno e fízoles fazer estrados do estudiesen e menestriles que les tañyiesen delante. E començó el niño a venir fasta que llegó a su padre, e el padre llególo a sí e fablóle e el moço non le fabló. E el rey tovo por gran cosa. Dixo al niño:

-¿Dó es tu maestro?

E el rey mandó buscar a Çendubete e sallieron los mandaderos por lo buscar e catáronlo a todas partes e non lo pudieron fallar. E dixo el rey a los que estavan con él:

-Quiçá por aventura ha de mí miedo e non osa fablar.

E fabláronle los consejeros del rey e el niño non fabló. E el rey dixo a los que estavan con él:

-¿Qué vos semeja de fazienda de este moço?

E ellos dixieron:

-Seméjanos que Çendubete, su maestro, le dio alguna cosa, alguna melezina por que aprendiese algún saber, e aquella melezina le fizo perder la fabla.

E el rey lo tovo por gran cosa e pesóle mucho de coraçón.

Enxenplo de la muger, en cómmo apartó al Infante en el palaçio e cómmo, por lo que ella le dixo, olvidó lo que le castigara su maestro

El rey avía una muger, la qual más amava e onrávala más que a todas las otras mugeres que él avía. E quando le dixieran cómmo le acaesçiera al niño, fuese para el rey e dixo:

-Señor, dixiéronme lo que avía acaesçido a tu fijo. Por aventura, con gran vergüença que de ti ovo, non te osa fablar. Mas si quesieses, déxame con él aparte. Quiçá él me dirá su fazienda, que solía fablar sus poridades comigo, lo que non fazía con ninguna de las tus mugeres.

E el rey le dixo:

-Liévalo a tu palaçio e fabla con él.

E ella fízolo así. Mas el Infante non le respondié ninguna cosa que le dixiese. E ella siguiólo más e díxole:

-Non te fagas neçio, ca yo bien sé que non saldrás de mi mandado. Matemos a tu padre e serás tú rey e seré yo tu muger, ca tu padre es ya de muy gran hedat e flaco, e tú eres mançebo e comiénçase agora el tu bien; e tú deves aver esperança en todos bienes más que él.

E quando ella ovo dicho, tomó el moço gran saña e estonçes se olvidó lo que le castigara su maestro e todo lo que le mandara. E dixo:

-¡Ay, enemiga de Dios! ¡Si fuesen pasados los siete días, yo te respondería a esto que tú dizes!

Después que esto ovo dicho, entendió ella que sería en peligro de muerte e dio bozes e garpiós e començó de mesar sus cabellos. E el rey, quando esto oyó, mandóla llamar e preguntóle que qué oviera. E ella dixo:

-Este que dezides que non fabla me quiso forçar de todo en todo, e yo non lo tenía a él por tal.

E el rey, quando esto oyó, creçióle gran saña por matar su fijo, e fue muy bravo e mandólo matar. E este rey avía siete privados mucho sus consejeros, de guisa que ninguna cosa non fazía menos de se consejar con ellos. Después que vieron que el rey mandava matar su fijo, a menos de su consejo, entendieron que lo fazía con saña porque creyera su muger. Dixieron los unos a los otros:

-Si a su fijo mata, mucho le pesará e después non se tornará sinon a nos todos, pues que tenemos alguna razón atal por que este infante non muera.

E estonçe respondió uno de los quatro:

-Maestros -dixo-, yo vos escusaré, si Dios quisiere, de fablar con el rey.

Este privado primero fuese para el rey e fincó los inojos ante él, e dixo:

-Señor, non deve fazer ninguna cosa el omne fasta que sea çierto de ella, e si lo ante fizieres, errallo as mal e dezirte he un enxenplo de un rey e de una su muger.

E el rey dixo:

-Pues di agora e oírtelo he.

Cuento 1: Leo

El privado dixo:

-Oí dezir que un rey que amava mucho las mugeres, e non avía otra mala manera sinon esta. E seié el rey un día ençima de un

soberado muy alto e miró ayuso e vido una muger muy fermosa e pagóse mucho de ella. E enbió a demandar su amor e ella dixo que non lo podría fazer, seyendo su marido en la villa. E quando el rey oyó esto, enbió a su marido a una hueste. E la muger era muy casta e muy buena e muy entendida e dixo:

-Señor, tú eres mi señor e yo só tu sierva e lo que tú quesieres, quiérolo yo, mas irme he a los vaños afeitar.

E quando tornó, diole un libro de su marido en que avía leyes e juizios de los reyes, de cómmo escarmentavan a las mugeres que fazían adulterio. E dixo:

-Señor, ley por ese libro fasta que me afeinte.

E el rey abrió el libro e falló en el primer capítulo cómmo devía el adulterio ser defendido, e ovo gran vergüença e pesóle mucho de lo que él quisiera fazer. E puso el libro en tierra e sallóse por la puerta de la cámara, e dexó los arcorcoles so el lecho en que estava asentado. E en esto llegó su marido de la hueste, e quando se asentó él en su casa, sospechó que ý durmiera el rey con su muger, e ovo miedo e non osó dezir nada por miedo del rey e non osó entrar do ella estava, e duró esto gran sazón. E la muger díxolo a sus parientes que su marido que la avía dexado e non sabía por quál razón. E ellos dixiéronlo a su marido:

-¿Por qué non te llegas a tu muger?

E él dixo:

-Yo fallé los arcorcoles del rey en mi casa e he miedo, e por eso non me oso llegar a ella.

E ellos dixieron:

-Vayamos al rey e agora démosle enxenplo de aqueste fecho de la muger, e non le declaremos el fecho de la muger e, si él entendido fuere, luego lo entenderá.

E estonçes entraron al rey e dixiéronle:

-Señor, nós aviemos una tierra e diémosla a este omne bueno a labrar, que la labrase e la desfrutase del fruto de ella. E él fízolo así una gran sazón e dexóla una gran pieça por labrar.

E el rey dixo:

-¿Qué dizes tú a esto?

E el omne bueno respondió e dixo:

-Verdat dizen, que me dieron una tierra así commo ellos dizen e quando fui un día por la tierra, fallé rastro del león e ove miedo que me conbrié. Por ende dexé la tierra por labrar.

E dixo el rey:

-Verdat es que entró el león en ella, mas no te fizo cosa que non te oviese de fazer nin te tornó mal dello. Por ende, toma tu tierra e lábrala.

E el omne bueno tornó a su muger e preguntóle por qué fecho fuera aquello. E ella contógelo todo e díxole la verdat commo le conteçiera con él, e él creyóla por las señales que le dixiera el rey, e después se fiava en ella más que non de ante.

Cuento 2: Avis
Enxenplo del omne e de la muger e del papagayo e de su moça

-Señor, oí dezir que un omne que era çeloso de su muger, e conpró un papagayo e metiólo en una jabla e púsolo en su casa e

mandóle que le dixiese todo quanto viese fazer a su muger e que non le encubriese ende nada, e después fue su vía a recabdar su mandado, e entró su amigo de ella en su casa do estava, e el papagayo vio quanto ellos fizieron. E quando el omne bueno vino de su mandado, asentóse en su casa en guisa que non lo viese la muger. E mandó traer el papagayo e preguntóle todo lo que viera, e el papagayo contógelo todo lo que viera fazer a la muger con su amigo. E el omne bueno fue muy sañudo contra su muger e non entró más do ella estava. E la muger cuidó verdaderamente que la moça la descubriera e llamóla estonçes e dixo:

-¿Tú dexiste a mi marido todo quanto yo fize?

E la moça juró que non lo dixiera:

-Mas sabed que lo dixo el papagayo.

E quando vino la noche, fue la muger al papagayo e desçendiólo a tierra e començóle a echar agua de suso como que era luvia e tomó un espejo en la mano e parógelo sobre la jabla, e en la otra mano una candela, e parávagela de suso, e cuidó el papagayo que era relánpago; e la muger començó a mover una muela, e el papagayo cuidó que eran truenos; e ella estuvo así toda la noche, faziendo así fasta que amanesçió. E después que fue la mañana, vino el marido e preguntó al papagayo:

-¿Viste esta noche alguna cosa?

E el papagayo dixo:

-Non pude ver ninguna cosa con la gran luvia e truenos e relánpagos que esta noche fizo.

E el omne dixo:

-En quanto me as dicho es verdat de mi muger así commo esto. Non á cosa más mintrosa que tú, e mandarte é matar.

E enbió por su muger e perdonóla e fizieron paz.

E yo, señor, non te di este enxenplo sinon por que sepas el engaño de las mugeres, que son muy fuertes sus artes e son muchos, que non an cabo nin fin.

E mandó el rey que non matasen su fijo.

Cuento 3: Lavator
Enxenplo de cómmo vino la muger al segundo día ante el rey llorando e dixo que matase su fijo

E dixo:

-Señor, non deves tú perdonar tu fijo, pues fizo cosa por que muera, e si tú non lo matas e lo dexas a vida, aviendo fecho tal enemiga, ca si tú non lo matas, non escarmentaría ninguno de fazer otro tal. E yo, señor, contarte é el enxenplo del curador de los paños e de su fijo.

Dixo el rey:

-¿Cómmo fue eso?

E ella dixo:

-Era un curador de paños e avía un fijo pequeño. Este curador, quando avía de curar sus paños, levava consigo su fijo e el niño començava a jugar con el agua. E el padre non gelo quiso castigar e vino un día que el niño se afogó. E el padre, por sacar el fijo, afogóse el padre en el piélago e afogáronse amos a dos.

E, señor, si tú non te antuvias a castigar tu fijo ante que más enemiga te faga, matarte á.

E el rey mandó matar su fijo.

Cuento 4: Panes
De cómmo vino el segundo privado ante el rey por escusar al Infante de muerte

E vino el segundo privado e fincó los inojos ante el rey e dixo:

-Señor, si tú ovieses fijos, non deviés querer mal a ninguno dellos. Demás que non as más de uno señero e mándaslo matar apriesa ante que sepas la verdat, e después que lo ovieres fecho, arrepentirte as e non lo podrás cobrar e será el tu enxenplo tal commo del mercador e de la muger e de la moça.

Dixo el rey:

-¿Cómmo fue eso?

-Dígote, señor, que era un mercador muy rico e era señerigo e apartado en su comer e en su bever, e fue en su mercaduría, e levó un moço con él, e posaron en una çibdat muy buena e el mercador enbió su moço a mercar de comer e falló una moça en el mercado que tenié dos panes de adárgama, e pagóse del pan, e conprólo para su señor. E levólo e pagóse su señor de aquel pan. E dixo el mercador a su moço:

-Sí te vala Dios, que me conpres de aquel pan cada día si lo fallares.

E el moço iva cada día a la moça, e conprávale aquel pan e levávalo a su señor. E un día falló la moça que non tenía pan e tornóse a su señor e dixo que non fallava de aquel pan. E dixo el mercador que demandase a la moça cómmo lo fazía aquel pan. E el moço fue a buscar a la moça e fallóla, e dixo:

-Amiga, mi señor te quiere alguna cosa que quiere fazer.

E ella fue e dixo:

-¿Qué vos plaze?

E el mercador le preguntó:

-Señora, ¿cómmo fazedes aquel pan?, e yo faré fazer otro tal.

E ella dixo:

-Amigo, señor, salieron unas anpollas a mi padre en las espaldas e el físigo nos dixo que tomásemos farina de adárgama e que la amasásemos con manteca e con miel e que gela pusiésemos en aquellas anpollas, e quando uviésemos lavado e enxugado toda la podre, que gela tirásemos. E yo tomava aquella masa en escuso e fazíala pan, e levávalo aquel mercado a vender e vendíalo. E, loado Nuestro Señor, es ya sano e dexámoslo de fazer.

E el mercador dio grandes bozes del gran asco que avía de aquel pan que avía comido e quando vido que provecho ninguno non tenía, dixo contra su moço:

-Mezquino, ¿qué faré que busquemos con que lavemos nuestras manos e nuestros pies e nuestras bocas e nuestros cuerpos? ¿Cómmo los lavaremos?

E, señor, si tú matas tu fijo, miedo he que te arrepentirás commo el mercador. E, señor, non fagas cosa por que te arrepientas fasta que seas çierto della.

Cuento 5: Gladius

Enxenplo del señor, e del omne, e de la muger, e el marido de la muger, cómmo se ayuntaron todos

-Señor, fiziéronme entender de los engaños de las mugeres. Dize que era una muger que avía un amigo que era privado del rey, e avía aquella çibdat de mano del rey en poder, e el amigo enbió a un su omne a casa de su amiga que supiese si era ý su marido. E entró aquel omne e pagóse de él e él de ella porque era fermoso; e ella llamólo que jaziese con ella, e él fízolo así e vio que tardava su señor el mançebo, e fue a casa del entendedera, e llamó e dixo el mançebo:

-¿Qué faré de mí?

E ella dixo:

-Ve e escóndete aquel rincón.

E el señor de él entró a ella e non quiso que el amigo entrase en el rincón con el mançebo. E en esto vino el marido e llamó a la puerta e dixo al amigo:

-Toma tu espada en la mano e párate a la puerta del palaçio e amenázame e ve tu carrera e non fables ninguna cosa.

E él fízolo así e fue e abrió la puerta a su marido, e quando vio su marido estar el espada sacada al otro en la mano, fabló e dixo:

-¿Que es esto?

E él non respondió nada e fue su carrera. E el marido entró al palaçio a su muger e dixo:

-¡Ay, maldita de ti! ¿Qué ovo este omne contigo que te salle denostando e amenazando?

E ella dixo:

-Vino ese omne fuyendo con gran miedo de él e falló la puerta abierta, e entró su señor en pos de él por lo matar e él dando bozes que le acorriese. E después que él se arrimó a mí, paréme ante él e apartélo de él que non lo matase, e por esto va de aquí denostando e amenazándome. Mas, sí me vala Dios, non me inchalá.

El marido dixo:

-¿Dó está este mançebo?

-En aquel rincón está.

E el marido salió a la puerta por ver si estava el señor del mançebo o si era ido. E quando vio que non estava allí, llamó al mançebo e dixo:

-Sal acá, que tu señor ido es su carrera.

E el marido se tornó a ella bien pagado e dixo:

-Feziste a guisa de buena muger, e feziste bien, e gradéscotelo mucho.

E, señor, non te di este enxenplo sinon que non mates tu fijo por dicho de una muger, ca las mugeres, ayuntadas en sí, an muchos engaños.

E mandó el rey que non matasen su fijo.

Cuento 6: Striges
Enxenplo de cómmo vino la muger al rey al terçero día, diziéndole que matase su fijo

E vino la muger al terçero día e lloró e dio bozes ante el rey, e dixo:

-Señor, estos tus privados son malos e matarte an, así commo mató un privado a un rey una vez.

E el rey dixo:

-¿Cómmo fue eso?

E ella dixo:

-Era un rey e avía un fijo que amava mucho caçar, e el privado fizo en guisa que fuese a su padre e pidiese liçençia que les dexase ir a caça; e ellos idos amos a dos, travesó un venado delante, e díxole el privado al niño:

-Ve en pos de aquel venado fasta que lo alcançes e lo mates, e levarlo as a tu padre.

E el niño fue en pos del venado, atanto que se perdió de su conpaña, e yendo así, falló una senda e ençima de la senda falló una moça que llorava e el niño dixo:

-¿Quién eres tú?

E la moça dixo:

-Yo só fija de un rey de fulana tierra, e venía cavallera en un marfil con mis parientes, e tomóme sueño e caí de él, e mis parientes non me vieron, e yo desperté e non sope por dó ir. E madrugando en pos dellos fasta que perdí las pies.

E el niño ovo duelo de ella e levóla en pos de sí. E ellos, yendo así, entraron en un aldea despoblada, e dixo la moça:

-Desçéndeme aquí que lo he menester e venirme he luego para ti.

*E el niño fízolo así. E ella entró en el casar e estuvo una
gran pieça. E quando vio el niño que tardava, desçendió de su
cavallo e subió en una pared e paró mientes e vio que era diabla
que estava con sus parientes, e dezíales:*

-Un moço me traxo en su cavallo e felo aquí do lo traigo.

E ellos dixieron:

-Vete adelante con él a otro casar fasta que te alcançemos.

*E quando el moço esto oyó, ovo gran miedo e desçendió de
la pared e saltó en su cavallo. E la moça vínose a él e cavalgóla
en pos de él, e començó a tremer con el miedo della. E ella dixo:*

-¿Qué as que tremes?

E él le dixo:

-Espántome de mi conpañero, que he miedo que me verná de él
mal.

E ella dixo:

-¿Non lo puedes tú adobar con tu aver, que tú te alabaste que eras
fijo de rey e que tenía gran aver tu padre?

Él le dixo:

-Non tiene aver.

-E más te alabaste que eras rey e gran príncipe *-e el diablo le
dixo-*. Ruega a Dios que te ayude contra él e serás librado.

E dixo él:

-Verdat dizes, e fazerlo he.

E alçó sus manos contra Dios e dixo:

-¡Ay, señor Dios, ruégote e pídote por merçed que me libres deste diablo e de sus conpañeros!

E cayó el diablo detrás, e començó enbarduñar en tierra, e queriése levantar e non podié. E estonçe començó el moço a correr quanto podié, fasta que llegó al padre muerto de sed, e era mucho espantado de lo que viera.

E, señor, non te di este enxenplo sinon que non te esfuerçes en tus malos privados. Si no me dieres derecho de quien mal me fizo, yo me mataré con mis manos.

E el rey mandó matar su fijo.

Cuento 7: Mel
Enxenplo del terçero privado, del caçador e de las aldeas

E vino el terçero privado ante el rey e fincó los inojos ante él e dixo:

-Señor, de las cosas, quando el omne non para mientes en ellas, viene ende grande daño; e es atal commo el enxenplo del caçador e de las aldeas.

E dixo el rey:

-¿Cómmo fue eso?

Dixo él:

-Oí dezir que un caçador que andava caçando por el monte, e falló en un árbol un enxanbre, e tomóla e metióla en un odre que

tenía para traer su agua. E este caçador tenía un perro e traíalo consigo. E traxo la miel a un mercador de un aldea que era açerca de aquel monte para la vender. E quando el caçador abrió el odre para lo mostrar al tendero e cayó de él una gota e posóse en él una abeja. E aquel tendero tenía un gato e dio un salto en el abeja e matóla; e el perro del caçador dio salto en el gato e matólo; e vino el dueño del gato e mató al perro; e estonçes levantóse el dueño del perro e mató al tendero porque le matara al perro; e estonçes vinieron los del aldea del tendero e mataron al caçador, dueño del perro; e vinieron los del aldea del caçador a los del tendero, e tomáronse unos con otros e matáronse todos que non fincó ý ninguno; e así se mataron unos con otros por una gota de miel.

E, señor, non te di este enxenplo sinon que non mates tu fijo fasta que sepas la verdat por que non te arrepientas.

Cuento 8: Fontes
Enxenplo de cómmo vino la muger e dixo que matase el rey a su fijo, e diole enxenplo de un fijo de un rey, e de un su privado cómmo lo engañó

E díxole la muger:

-Era un rey e avía un privado e avía un fijo, e casólo con fija de otro rey. E el rey, padre de la Infante, enbió dezir al otro rey:

-Enbíame tu fijo e faremos bodas con mi fija, e después enbiarte mandado.

E el rey mandó guisar su fijo muy bien e que fuese fazer sus bodas e que estudiese con ella quanto quisiese. E desí enbió el rey aquel privado con su fijo, e así, fablando uno con otro, *alongáronse mucho de su conpaña e fallaron una fuente, e avía tal virtud que qualquier omne que beviese de ella que luego se tornava muger; e el privado sabía la virtud que tenía la fuente e non lo quiso dezir al Infante. E dixo:*

-Está aquí agora fasta que vaya a buscar carrera.

E falló él la carrera andándola a buscar e fuese por ella e falló al padre del Infante. E el rey fue muy mal espantado e dixo:

-¿Cómmo vienes así, sin mi fijo o qué fue de él?

E el privado dixo:

-Creo que lo comieron las bestias fieras.

E quando vio el Infante que tardava el privado e que non tornava por él, desçendió a la fuente a lavar las manos e la cara, e bevió del agua e fízose muger. E estuvo en guisa que non sabía qué fazer nin qué dezir nin dó ir. E a esto llegó a él un diablo e dixo que quién era él e él le dixo:

-Fijo de un rey de fulana tierra.

E díxole el nonbre derecho e contóle la falsedat que le fiziera el privado de su padre. E el diablo ovo piedat de él porque era tan fermoso e díxole:

-Tornarme he yo dueña, commo tú eres, e a cabo de quatro meses tornarme he commo dantes era.

E el Infante lo oyó e fizieron pleito e fue ý el diablo.

Otrosí vino en lugar de muger preñada e dixo el diablo:

-Amigo, tórnate commo dante, e yo tornarme he commo ante era.

E dixo el Infante:

-¿Cómmo me tornaré yo así, que quando yo te fize pleito e omenaje yo era donzella e virgen e tú eres agora muger preñada?

E estonçes se razonó el Infante con el diablo ante sus alcalles e fallaron por derecho que vençiera el Infante al diablo. Estonçes se tornó el Infante omne e fuese para su muger e levóla para casa de su padre, e contógelo todo commo le acaesçiera. E el rey mandó matar al privado porque dexara al Infante en la fuente.

E por ende yo he fiuza que me ayudará Dios contra tus malos privados.

E el rey mandó matar su fijo.

Cuento 9: Senescalcus
Enxenplo del quarto privado, e del bañador e de su muger

E vino el quarto privado e entró al rey e fincó los inojos ante el rey, e dixo:

-Señor, non deve fazer omne en ninguna cosa fasta que sea bien çierto de la verdat, ca quien lo faze ante que sepa la verdat, yerra e faze muy mal, commo acaesçió a un bañador que se arrepintió quando non le tovo pro.

El rey le preguntó:

-¿Cómmo fue eso?

Dixo:

-Señor, fue un infante un día por entrar en el baño, e era mançebo e era tan grueso que non podía ver sus mienbros por dó eran. E quando se descubrió, violo el vañador e començó a llorar.

E díxole el Infante:

-¿Por qué lloras?

E dixo:

-Por tú ser fijo de rey, commo lo eres, e non aviendo otro fijo sinon a ti, e non ser señor de tus mienbros, así commo son otros varones; ca yo bien creo que non puedes jazer con muger.

E el Infante le dixo:

-¿Qué faré yo, que mi padre me quiere casar? Non sé si podré fazimiento con muger.

E el Infante dixo:

-Toma agora diez maravedís e veme a buscar una muger fermosa.

E el vañador dixo en su coraçón: 'Terné estos diez maravedís e entre mi muger con él, ca bien sé que non podrá dormir con ella.'

E estonçes fue por ella. E el Infante durmió con ella e el vañador començó de atalear cómmo yazía con ella con su muger. E el Infante rióse. E el vañador fallóse ende mal e dixo:

-¡Yo mesmo me lo fize!

E estonçes llamó su muger e dixo:

-Vete para casa.

E ella dixo:

-¿Cómmo iré, ca le fize pleito que dormiría con él toda esta noche?

E quando él esto oyó, con cueita e con pesar, fuese a enforcar, e así se mató.

E, señor, non te di este enxenplo sinon que non mates tu fijo.

Cuento 10: Canicula
Enxenplo del omne e de la muger e de la vieja e de la perrilla

-Señor, *oí dezir que un omne a su muger fizieron pleito e omenaje que se toviesen fieldat. E el marido puso plazo a que viniese e non vino a él. E estonçes salió a la carrera, e estando así, vino un omne de su carrera e viola e pagóse de ella e demandóle su amor. E ella dixo que en ninguna guisa que lo non faría. Estonçes fue a una vieja que morava çerca de ella e contógelo todo cómmo le conteçiera con aquella muger, e rogóle que gela fiziese aver, e que le daría quanto quisiese. E la vieja dixo que le plazié e que gela faría aver.*

E la vieja fuese a su casa e tomó miel e masa e pimienta e amasóla toda en uno, e fizo de ella panes. Estonçes fuese para su casa de aquella muger e llamó una perrilla que tenié e echóle de aquel pan, en guisa que non lo viese la muger. E después que la perrilla lo comió, enpeçó de ir tras la vieja, falagándosele que le diese más e llorándole los ojos con la pimienta que avié en el pan. E quando la muger la vio así, maravillóse, e dixo a la vieja:

-Amiga, ¿viestes llorar así a otras perras, así commo a ésta?

Dixo la vieja:

-Faze derecho que esta perra fue muger, e muy fermosa, e morava aquí cabo mí, e enamoróse un omne de ella, e ella non se pagó de él, e estonçes maldíxola aquel omne que la amava, e tornóse luego perra. E agora, quando me vio, menbrósele de ella e començóse de llorar.

E estonçes dixo la muger:

-¡Ay, mezquina! ¿Qué faré yo, que el otro día me vio un omne en la carrera e demandóme mi amor e yo non quise? E agora he miedo que me tornaré perra, si me maldixo. E agora ve, e ruegale por mí, que le daré quanto él quesiere.

Estonçes dixo la vieja:

-Yo te lo traeré.

E estonçes se levantó la vieja e fue por el omne. E levantóse la muger e afeitóse; e estonçes se asomó a casa de la vieja, a ver si avía fallado aquel omne que fuera a buscar. E la vieja dixo:

-Non lo puedo fallar.

E estonçes dixo la muger:

-Pues, ¿qué faré yo?

Estonçes fue la vieja e falló al omne e dixo:

-Anda acá, que ya fará la muger todo, todo quanto yo quisiere.

E era el omne su marido e non lo conosçía la vieja, que venía estonçes de su camino. E la vieja dixo:

-¿Qué darás a quien buena posada te diere e muger moça e fermosa, e buen comer e buen bever, si quieres tú?

E él dixo:

-¡Par Dios, si querría!

Fuese ella delante, e él en pos de ella, e vio que lo levava a su casa, e sospechó que lo levava a su casa e para su muger mesma, e sospechó que lo fazía así toda vía, quando él saliera de su casa. E la vieja mala entró en su casa e dixo:

-Entrad.

Después que el omne entró, dixo:

-Asentadvos aquí.

E católa al rostro. E quando vio que su marido era, non sopo ál qué fazer, sinon dar salto en sus cabellos. E dixo:

-¡Ay, don putero malo!, ¿esto es lo que yo e vós pusiemos, e el pleito e omenaje que fiziemos? Agora veo que guardades las malas mugeres, e las malas alcauetas.

E él dixo:

-¡Guay de ti! ¿Qué oviste comigo?

E dixo su muger:

-Dixiéronme agora que viniése e afeitéme e dixe a esta vieja que saliese a ti, por tal que te provase si usavas las malas mugeres, e veo que aína seguiste la alcauetería. ¡Mas jamás nunca nos ayuntaremos, nin llegarás más a mí!

E dixo él:

-¡Así me dé Dios su graçia e aya la tuya, commo non cuidé que me traía a otra casa sinon la tuya e mía, si non, non fuera con ella, e aun pesóme mucho quando me metió en tu casa, que cuidé que esto mesmo farás con los otros!

E quando ovo dicho, rascóse en su rostro e ronpiólo todo con sus manos, e dixo:

-¡Bien sé que esto cuidariés tú de mí!

E ensañóse contra él. E quando vio que era sañosa, començóla de falagar e de rogar que le perdonase, e ella non lo quiso perdonar fasta que le diese gran algo. E él mandóle en arras un aldea que avía.

E señor, non te di este enxenplo, sinon a que el engaño de las mugeres que non an cabo nin fin.

E mandó el rey que non matasen su fijo

Cuento 11: Aper
Enxenplo de cómmo vino al quinto día la muger e dio enxenplo del puerco e del ximio

E vino la muger al quinto día e dixo al rey:

-Si me non das derecho de aquel infante e verás qué pro te ternán estos tus malos privados. Después que yo sea muerta, veremos qué farás con estos tus consejeros e, quando ante Dios fueres, ¿qué dirás, faziendo atan gran tuerto en dexar a tu fijo a vida e non querer fazer de él justiçia? ¿E cómmo lo dexas a vida por tus malos consejeros e por tus malos privados e dexas de fazer lo que tiene pro en este siglo? Mas yo sé que te será demandado ante Dios, e dezirte lo que acaesçió a un puerco una vez.

Dixo el rey:

-¿Cómmo fue eso?

-Dígote, señor, que era un puerco, e yazía sienpre so una figuera e comía sienpre de aquellos figos que caién de ella. E vino un día a comer e falló ençima a un ximio comiendo figos. E el ximio, quando vido estar al puerco en fondón de la figuera, echóle un figo, e comiólo e sópole mejor que los que él fallava en tierra. E alçava la cabeça a ver si le echaría más; e el puerco, estando así atendiendo al ximio, fasta que se le secaron las venas del pescueço e murió de aquello.

E quando esto ovo dicho, ovo miedo el rey que se mataría con el tósigo que tenía en la mano, e mandó matar su fijo.

Cuento 12: Canis
Enxenplo del quinto privado, e del perro e de la culebra e del niño

E vino el quinto privado ante el rey e dixo:

-¡Loado sea Dios! Tú eres entendido e mesurado e tú sabes que ninguna cosa deve fazerse apresuradamente ante que sepa la verdat e, si lo fiziere, fará locura e, quando lo quisiere emendar, non podrá; e conteçerle á así commo a un dueño de un perro una vez.

E dixo el rey:

-¿Cómmo fue eso?

E él dixo:

-Señor, oí dezir que un omne que era criado de un rey, e aquel omne avía un perro de caça muy bueno e mucho entendido, e nunca le mandava fazer cosa que la non fiziese. E vino un día que su muger fue veer sus parientes e fue con ella toda su conpaña, e dixo ella a su marido:

-Sey con tu fijo que yaze durmiendo en la cama, ca non tardaré allá, ca luego seré aquí.

El omne asentóse cabo su fijo. Él seyendo allí, llegó un omne de casa del rey que le mandava llamar a gran priesa. E el omne bueno dixo al perro:

-Guarda bien este niño, e non te partas de él fasta que yo venga.

E el omne çerró su puerta e fuese para el rey.

E el perro yaziendo çerca del niño, vino a él una culebra muy grande, e quísolo matar por el olor de la leche de la madre. E quando la vio el perro, dio salto en ella e despedaçóla toda. E el omne tornó aína por amor de su fijo que dexava solo. E quando abrió la puerta, abriéndola, salió el perro a falagarse a su señor por lo que avía fecho, e traía la boca e los pechos sangrientos. E quando lo vio tal, cuidóse que avía matado su fijo e metió mano a un espada e dio un gran golpe al perro, e matólo. E fue más adelante a la cama, e falló su fijo durmiendo, e la culebra despedaçada a sus pies. E quando esto vio, dio palmadas en su rostro e ronpióselo, e non pudo ál fazer, e tóvose por malandante que lo avía errado.

E, señor, non te conteza atal en tus fechos, ca después non te podrás arrepentir. Non mates tu fijo, que los engaños de las mugeres non an cabo nin fin.

Cuento 13: Pallium

Enxenplo de la muger, e del alcaueta, del omne e del mercador, e de la muger que vendió el paño

-Señor, oí dezir que avía un omne que, quando oía fablar de mugeres, que se perdía por ellas con cueita de las aver. E oyó dezir de una muger fermosa, e fuela buscar, e falló el lugar donde era. E estonçes fue a un alcaueta e díxole que moría por aquella muger.

E dixo la vieja alcaueta:

-Non fiziestes nada en venir acá, que es buena muger, e non ayas fiuza ninguna en ella, sí te vala Dios.

E él le dixo:

-Faz en guisa que la aya e yo te daré quanto tú quisieres.

E la vieja dixo que lo faría si pudiese:

-Mas -dixo- ve a su marido, que es mercador, si le puedes conprar de un paño que trae cubierto.

E él fue al mercador e rogógelo que gelo vendiese e él óvogelo mucho a duro de vender. E adúxolo a la vieja e tomó el paño e quemólo en tres lugares, e dixo:

-Estáte aquí agora en esta mi casa, que non te vea aquí ninguno.

E ella tomó el paño e doblólo e metiólo so sí. E fue allí do seié la muger del mercador e, fablando con ella, metió el paño so el cabeçal, e fuese. E quando vino el mercador, tomó el cabeçal para se asentar e falló el paño e tomólo e cuidó que el que lo mercara que era amigo de su muger, e que se le olvidara allí el paño; e levantóse el mercador e firió a su muger muy mal e non le dixo por qué ni por qué non. E levó el paño en su mano e *cubrió su cabeça la muger, e fue para casa de sus parientes, e sópolo la vieja alcaueta, e fuela ver, e dixo:*

-¿Por qué te firió tu marido de balde?

E dixo la buena muger:

-Non sé, a buena fe.

Dixo la vieja:

-Algunos fechizos te dieron malos, mas, amiga, ¿quieres que te diga verdat? Darte é buen consejo. En mi casa ay un omne de los sabios del mundo, e si quesiéredes ir a ora de biésperas comigo a él, él te dará consejo.

E la buena muger dixo que le plazía. E venida fue ora de biésperas, e vino la vieja por ella e levóla consigo para su casa. E metióla en la cámara adonde estava aquel omne e levantóse a ella e yazió con ella. E la muger, con miedo e con vergüença, e callóse; e después que el omne yazió con ella, fuese para sus parientes. E el omne dixo a la vieja:

-Gradéscotelo mucho e darte é algo.

E dixo ella:

-Non ayas tú cuidado que lo que tú feziste yo lo aduré a bien, mas ve tu vía e fazte pasadizo por su casa, do está su marido. E quando él te viere, llamarte á, e preguntarte á por el paño que qué lo feziste. E tú dile que te poseste cabo el fuego e que se te quemó en tres lugares e que lo diste a una vieja que lo levase a sorzir e que lo non viste más nin sabes de él. E fazerme é yo pasadiza por aí, e di tú: *'Aquella di yo el paño'*, e llámame, ca yo te escusaré de todo.

E estonçes fue e falló al mercador e dixo:

-¿Qué feziste el paño que te yo vendí?

E dixo él:

-Asentéme al fuego e non paré mientes e quemóseme en tres lugares, e dilo a una vieja mi vezina que lo levase a sorzir, e non lo vi después.

E ellos estando en esto, llegó la vieja e llamóla e dixo al mercador:

-Esta es la vieja a quien yo di el paño.

E llamóla e dixo que qué fiziera el paño. E dixo ella:

-A buena fe, sí me vala Dios, este mançebo me dio un paño a sorzir, e entré con ello so mi manto en tu casa e en verdat non sé si se me cayó en tu casa o por la carrera.

E dixo:

-Yo lo fallé. Toma tu paño e vete en buena ventura.

Estonçes fue el mercador a su casa e enbió por su muger a casa de sus parientes, e rogóla que le perdonase, e ella fízolo así.

E, señor, non te di este enxenplo sinon que sepas que el engaño de las mugeres que es muy grande e sin fin.

E el rey mandó que non matasen su fijo.

Cuento 14: Simia
Enxenplo de cómmo vino la muger al sescito día, e diole enxenplo del ladrón e del león, en cómmo cavalgó en él

E vino la muger al sesto día e dixo al rey:

-*Yo fío en Dios que me anparará de tus malos privados commo anparó una vez un omne de un león.*

E el rey dixo:

-*¿Cómmo fue eso?*

E ella dixo:

-*Pasava un gran recuero por cabo de un aldea e entró en ella un gran ladrón e muy malfechor; e ellos, yendo así, tomóles la noche e llovió sobre ellos muy gran luvia, e dixo el recuero:*

-Paremos mientes en nuestras cosas non nos faga algund mal el ladrón.

E a esto vino un ladrón e entró entre las bestias, e ellos non lo vieron con la gran escuredat, e començó de apalpar quál era la más gruesa para levarla; e puso la mano sobre un león e non falló ninguna más gruesa nin de más gordo pescueço que él, e cavalgó en él, e dixo el león:

-Esta es la tenpestad que dizen los omnes.

E corrió con él toda la noche fasta la mañana. E quando se conosçieron el uno al otro, avíanse miedo. E el león llegó a un árbol muy cansado e el ladrón travóse a una rama e subióse al árbol con gran miedo del león. E el león fuese muy espantado e fallóse con un ximio, e díxole:

-¿Qué as, león, o cómmo vienes así?

E el león dixo:

-Esta noche me tomó la tenpestad e cavalgó en mí; fasta en la mañana nunca cansó de me correr.

El ximio le dixo:

-¿Dó es aquella tenpestad?

E el león le mostró el omne ençima del árbol. E el ximio subió ençima del árbol e el león atendió por oír a veer qué faría, e el ximio vio que era omne, fizo señal al león que viniese e el león vino corriendo. E estonçes abaxóse un poco el omne, e echóle mano de los cojones del ximio e apretógelos tanto fasta que lo mató, e echólo al león. E desí quando el león esto vido, echó a foír e dixo:

-¡Loado sea Dios, que me escapó desta tenpestad!

E dixo la muger:

-Fío por Dios que me ayudará contra tus malos privados, así commo ayudó al ladrón contra el león.

E el rey mandó matar su fijo.

Cuento 15: Turtures
Enxenplo del seseno privado, del palomo e de la paloma, que ayuntaron en uno el trigo en su nido

E vino el seseno privado e fincó los inojos ante el rey e dixo:

-Si fijo non ovieses, deviés rogar a Dios que te lo diese. Pues, ¿cómmo puedes matar este fijo que Dios te dio, e non aviendo más deste? Ca, si lo matas, fallarte as ende mal, commo se falló una vez un palomo.

Dixo el rey:

-¿Cómmo fue eso?

Dixo:

-Señor, era un palomo e una paloma e moravan en un monte e avían ý su nido, e en el tienpo del agosto cogieron su trigo e guardáronlo en su nido, e fuese el palomo en su mandado, e dixo a la paloma que non comiese del trigo grano mientra que durase el verano. 'Mas *-díxole-* vete a esos canpos e come deso que fallares, e quando viniere el ivierno, comerás del trigo e folgarás.'

E después vinieron las grandes calores e secáronse los granos, e encogiéronse e pegáronse. E quando vino el palomo, dixo:

-¿Non te dixe que non comieses grano, que lo guardases para el ivierno?

E ella juróle que non comiera grano nin lo començara poco nin mucho. E el palomo non lo quiso creer. E començóla de picar e de ferirla de los onbros e de las alas, atanto que la mató. E paró mientes el palomo al trigo e vio que crecía con el relente e que non avía menos ni más. E él fallóse mal porque mató a la paloma.

E, señor, he miedo que te fallarás ende mal, así commo se falló este palomo, si matas tu fijo, que el engaño de las mugeres es la mayor cosa del mundo.

Cuento 16: Elephantinus
Enxenplo del marido, e del segador e de la muger e de los ladrones que la tomaron a traiçión

-Señor, oí dezir un enxenplo de un omne e de una muger, e moravan en un aldea, e el omne fue arar e la muger fízole de comer de panizo un pan, e levógelo a do arava. E yendo por gelo

dar, dieron salto en ella los ladrones, e tomáronle el panizo. E uno de los ladrones fizo una imagen de marfil por escarnio, e metióla en la çesta, e ella non lo vio. E dexáronla ir, e fuese para su marido, e quando abrió el marido la çesta, vio aquello:

-¿Qué aquí traes?

E ella cató e vio que los ladrones lo avían fecho e ella dixo:

-Ensonava esta noche entre sueños que estavas ante un alfayate, e que te pesava muy mal. E estonçe fui a unos omnes que me lo ensolviesen este ensueño, e ellos me dixieron que fiziese una imagen de panizo e que la comieses e que serías librado de quanto te podría venir.

E este ensueño dixo el marido que podría ser verdat.

E tal es el engaño e las artes de las mugeres, que non an cabo nin fin.

E el rey mandó que non matasen su fijo.

Enxenplo de cómmo vino la muger al seteno día ante el rey quexándose, e dixo que se quería quemar, e el rey mandó matar su fijo apriesa, antes que ella se quemase

E quando vino al seteno día, dixo:

-*Si este mançebo oy non es muerto, oy seré descubierta.*

E esto dixo la muger:

-*Non ay ál sinon la muerte.*

Todo quanto aver pudo diolo por Dios a pobres e mandó traer mucha leña e asentóse sobre ella. E mandó dar fuego enderredor e dezir que se quería quemar ella.

E el rey, quando esto oyó, ante que se quemase, mandó matar al moço. Llegó el seteno privado e metióse delante del moço e de aquel que le quería matar, e omillósele al rey, e dixo:

-*Señor, non mates tu fijo por dicho de una muger, que non sabes si miente o si dize verdat. E tú avías atanta cobdiçia de aver fijo, commo tú sabes, e pues que te fizo Dios plazer, non le fagas tú pesar.*

Cuento 17: Nomina
Del enxenplo de la diableza e del omne e de la muger, e de cómmo el omne demandó los tres dones

-*E señor, oí dezir que era un omne que nunca se partía de una diableza e ovo de ella un fijo, e fue así un día que ella que se quería ir, e dixo:*

-Miedo he que nunca me veré contigo, mas ante quiero que sepas tres oraçiones de mí, que quando pidieres a Dios tres cosas, averlas as.

E mostróle las oraçiones e fuese la diableza e él fuese muy triste, porque se le fue la diableza, para su muger, e díxole:

-Sepas que la diableza que me tenía, que se me fue, e pesóme ende mucho del bien que sabía por ella, e emostróme tres oraçiones con que demandase tres cosas a Dios que las avería, e agora conséjame qué pida a Dios e averlo he.

E la muger le dixo:

-Bien sabes verdaderamente que puramente amás los omnes a las mugeres, e páganse mucho de su solaz. Por ende ruega a Dios que te otorgue de ellas.

E quando se vido cargado de ellas, dixo a la muger:

-¡Confóndate Dios que esto por el tu consejo se fizo!

E dixo ella:

-¿Aún non te quedan dos oraçiones? E agora ruega a Dios que te las tuelga, pues tanto pasas con ellas.

E él fizo oración e tolliéronse luego todas, e non fincó ý ninguna. E él, quando esto vio, començó de dezir mal a su muger, e dixo ella:

-Non me maldigas que aún tienes una oración, e ruega a Dios que te torne commo de primero.

E rogó a Dios que lo tornase commo de primero, e tornóle commo de primero. E así se perdieron las oraçiones todas.

Por ende te dó por consejo sinon que non mates tu fijo, que las maldades de las mugeres non an cabo nin fin; e desto darte é un enxenplo.

E dixo el rey:

-¿Cómmo fue eso?

Cuento 18: Ingenia
Enxenplo del mançebo que non quería casar fasta que sopiese las maldades de las mugeres

-*E señor, dixiéronme que un omne que non quería casar fasta que sopiese e aprendiese las maldades de las mugeres e los sus engaños. E anduvo tanto fasta que llegó a un aldea e dixiéronle que avié buenos sabios del engaño de las mugeres, e costóle mucho aprender las artes. Díxole aquel que era más sabidor:*

-¿Quieres que te diga? Jamás nunca sabrás nin aprenderás acabadamente los engaños de las mugeres fasta que te asientes tres días sobre la çeniza e non comas sinon un poco de ordio, pan de ordio e sal, e aprenderás.

E él le dixo que le plazía e fízolo así. Estonçes posóse sobre la çeniza e fizo muchos libros de las artes de las mugeres. E después que esto ovo fecho, dixo que se quería tornar para su tierra e posó en casa de un omne bueno. E el huésped le preguntó de todo aquello que levava e él le dixo dónde era e cómmo se avía asentado sobre la çeniza de mientra trasladara aquellos libros, e cómmo comiera el pan de ordio, e cómmo pasara mucha cueita e mucha lazeria, e trasladó aquellas artes. E después que esto le ovo contado, tomólo el huésped por la mano e levólo a su muger, e díxole:

-Un omne bueno é fallado que viene cansado de su camino.

E contóle toda su fazienda e rogóle que le fiziese algo fasta que se fuese esforçando, ca estonçes era flaco. E después que esto ovo dicho, fuese a su mandado, e la muger fizo bien lo que le castigara. Estonçes començó ella de preguntalle qué omne era e cómmo andava. E él contógelo todo e ella quando lo vio, tóvolo por omne de poco seso e de poco recabdo porque entendió que nunca podía acabar aquello que començara, e dixo:

-Bien creo verdaderamente que nunca muger del mundo te pueda engañar nin es a enparejar con aquestos libros que as adobado.

E dixo ella en su coraçón: 'Sea agora quam sabidor quisiere que yo le faré conosçer el su poco seso, en que anda engañado. ¡Yo só aquella que lo sabré fazer!'

Estonçes lo llamó e dixo:

-Amigo, yo só muger mançeba e fermosa e en buena sazón, e mi marido es muy viejo e cansado e de muy gran tienpo pasado que non yazió comigo. Por ende, si tú quisieses e yazieses comigo, que eres omne cuerdo e entendido, e non lo digas a nadie.

E quando ella ovo dicho, cuidó que le dezía verdat e levantóse e quiso travar de ella, e dixo:

-Espera un poco, e desnudémonos.

E él desnudóse e ella dio grandes bozes e garpiós e recudieron luego los vezinos, e ella dixo ante que ellos entrasen:

-¡Tiéndete en tierra; si non, muerto eres!

E él fízolo así, e ella metióle un gran bocado de pan en la boca, e quando los omnes entraron, pescudaron que qué oviera. E ella dixo:

-Este omne es nuestro huésped e quísose afogar con un bocado de pan e bolviénsele los ojos.

Estonçes descubriólo e echóle del agua por que acordase. Él non acordava en todo esto, echándole agua fría, e alinpiándole el rostro con un paño blanco. Estonçes saliéronse los omnes e fuéronse su carrera, e ella dixo:

-Amigo, ¿en tus libros ay alguna tal arte commo ésta?

E dixo él:

-En buena fe, nunca la vi nin la fallé tal commo ésta.

E dixo ella:

-Tú gasteste ý mucha lazeria e mucho mal día, e nunca esperes ende ál, que esto que tú demandas nunca lo acabarás tú nin omne de quantos son nasçidos.

E él, quando esto vio, tomó todos sus libros e metiólos en el fuego, e dixo que de más avía despendido sus días.

E yo, señor, non te di este enxenplo sinon que non mates tu fijo por palabras de una muger.

E el rey mandó que non matasen su fijo.

De cómmo al otavo día fabló el Infante e fue ante el rey

E quando vino el otavo día en la mañana ante que saliese el sol, llamó el Infante a la muger que lo servía en aquellos días que non fablava, e dixo:

-Ve e llama a fulano que es más privado del rey e dile que venga quanto pudiere.

E la muger, en que vido que fablava el Infante, fue muy corriendo e llamó al privado. E él levantóse e vino muy aína al Infante, e él lloró con él e contóle por qué non fablara aquellos días, e todo quanto le conteçiera con su madrastra:

-E non guaresçí de muerte sinon por Dios e por ti e por tus conpañeros que me curaron de ayudar bien e lealmente a derecho. ¡Dios vos dé buen gualardón por ello, e yo vos lo daré si bivo e veo lo que cobdiçio! E quiero que vayas corriendo a mi padre e que le digas mis nuevas ante que llegue la puta falsa de mi madrastra, ca yo sé que madrugará.

El privado fue muy rezio corriendo desque lo vido así fablar e fue al rey e dixo:

-Señor, dame albriçias por el bien e merçed que te á Dios fecho, que non quiso que matases tu fijo, ca ya fabla, e él me enbió a ti.

E non le dixo todo lo que el Infante le dixiera, e dixo el rey:

-Ve muy aína e dile que se venga para mí el Infante.

E él vino, e omillósele e dixo el rey:

-¿Qué fue que estos días non fablaste, que viste tu muerte a ojo?

E dixo el Infante:

-Yo vos lo diré.

E contóle todo commo le acaesçiera, e cómmo le defendiera su maestro Çendubete que non fablase siete días:

-Mas de la muger te digo de quando me apartó, que me quería castigar, e yo díxele que yo non podía responder fasta que fuesen pasados los siete días. E quando esto oyó, non sopo otro consejo sinon que me fiziésedes matar ante que yo fablase. Enpero, señor, pídovos por merçed, si vos quisiéredes, e lo toviéredes por bien, que mandásedes ayuntar todos los sabios de vuestro regno e de vuestros pueblos, ca querría dezir mi razón entre ellos.

E quando el Infante esto dixo, el rey fue muy alegre, e dixo:

-¡Loado sea Dios, por quanto bien me fizo, que me non dexó fazer tan gran yerro que matase mi fijo!

E el rey mandó llegar su gente e su corte. E después que fueron llegados, llegó Çendubete e entró al rey, e dixo:

-Omíllome, señor.

E dixo el rey:

-¿Qué fue de ti, mal Çendubete, estos días? Ca poco fincó que non maté mi fijo por lo que le tú castigaste.

E dixo Çendubete:

-Tanto te dio Dios de merçed e de entendimiento e de enseñamiento, por que tú deves fazer la cosa quando sopieres la verdat, más que más los reyes señaladamente por derecho devés seer seguros de la verdat, e más que los otros; e él non dexó de fazer lo que le yo castigué. E tú, señor, non devieras mandar matar tu fijo por dicho de una muger.

E dixo el rey:

-¡Loado sea Dios que non maté mi fijo, que perdiera este siglo e el otro! E vosotros, sabios, si matara mi fijo, ¿cúya sería la culpa? ¿Si sería mía, o de mi fijo, o de mi muger, o del maestro?

Levantáronse quatro sabios, e dixo el uno:

-Quando Çendubete vido el estrella del moço en cómmo avía de ser su fazienda, no se deviera esconder.

E dixo otro:

-Non es así commo tú dizes, que Çendubete non avía ý culpa, que tenía puesto tal pleito con el rey que non avía de fallesçer. Deviera ser la culpa del rey, que mandava matar su fijo por dicho de una muger, e non sabiendo si era verdat o si era mentira.

Dixo el terçero sabio:

50

-Non es así commo vosotros dezides, que el rey non avía ý culpa, que non ay en el mundo fuste más frío que el sándalo nin cosa más fría que la carofoja, e quando los buelven uno con otro, anse de escalentar tanto que salle dellos fuego. E si él fuese firme en su seso, non se bolverié por seso de una muger, mas pues era muger que el rey amava, non podié estar que non la oyese. Mas la culpa era de la muger, porque con sus palabras lo engañava e fazía dezir que matasen su fijo.

E el quarto dixo que la culpa non era de la muger, mas que era del Infante que non quiso guardar lo que le mandara su maestro, que la muger, quando vido al niño tan fermoso e apuesto, ovo sabor de él, mas quando se apartó con él, e ella quando entendió que fablava el Infante, entendió que sería descubierta a cabo de los siete días de lo que el Infante dezía, e ovo miedo que la mataría; por ello, curó de lo fazer matar ante que fablase.

E Çendubete dixo:

-Non es así commo vos dezides, que el mayor saber que en el mundo ay es dezir.

E el Infante dixo:

-Fablaré, si me vos mandáredes.

E el rey le dixo que dixiese lo que quisiese.

El Infante se levantó e dixo:

-Dios loado, que me feziste ver este día e esta ora, que me dexeste mostrar mi fazienda e mi razón. Menester es de entender la mi razón, que quiero dezir el mi saber, e yo quiérovos dezir el enxenplo desto.

Cuento 19: Lac venenatum
Enxenplo del omne e de los que conbidó, e de la mançeba que enbió por la leche, e de la culebra que cayó la ponçoña

E los maestros le dixieron que dixiese, e él dixo:

-*Dizen que un omne que adobó su yantar e conbidó sus huéspedes e sus amigos e enbió su moça al mercado por leche que comiesen, e ella conpróla e levóla sobre la cabeça; e pasó un milano por sobre ella, e levava entre sus manos una culebra e apretóla tanto de rezio con las manos, que salió el venino della e cayó en la leche, e comiéronla, e murieron todos con ella. E agora me dezid: ¿cúya fue la culpa porque murieron todos aquellos omnes?*

E dixo uno de los quatro sabios:

-*La culpa fue en aquel que los conbidó que non cató la leche que les dava a comer.*

E el otro maestro dixo:

-*Non es así commo vós dezides, que el que los huéspedes conbida non puede todo catar nin gostar de quanto les dava a comer, mas la culpa fue en el milano que apretó tanto la culebra con las manos, que ovo de caer aquella ponçoña.*

El otro respondió:

-*Non es así commo vosotros dezides, ca el milano non avía ý culpa, porque comía lo que solía comer, demás non faziendo a su nesçesidat. Mas la culebra ha la culpa, que echó de sí la ponçoña.*

E el quarto dixo:

-Non es así commo vosotros dezides, que la culebra non á culpa, mas avía la culpa la moça, que no cubrió la leche quando la traxo del mercado.

Dixo Çendubete:

-Non es así commo vosotros dezides, que la moça non avía ý culpa, ca non le mandaron cobrir la leche; nin el milano non avía ý culpa, ca comía lo que avía de comer; nin la culebra non avía ý culpa, que iva en poder ageno; nin el huésped non ovo ý culpa, que el omne non puede gostar tantos comeres quantos manda guisar.

Estonçes dixo el rey a su fijo:

-Todos estos dizen nada, mas dime tú cúya es la culpa.

El Infante dixo:

-Ninguno destos non ovo culpa, mas açertóseles la ora en que avién a morir todos.

E quando el rey oyó esto, dixo:

-¡Loado sea Dios, que non me dexó matar mi fijo!

Estonçes dixo a Çendubete el rey:

-Tú as fecho mucho bien e nos as fecho para fazerte mucha merçed, pero tú sabes si á el moço más de aprender, emuéstragelo e avrás buen gualardón.

Estonçes dixo Çendubete:

-Señor, yo non sé cosa en el mundo que yo non le mostré, e bien creo que non la ay en el mundo e non ay más sabio que él.

Estonçes dixo el rey a los sabios que estavan enderredor:

-*¿Es verdat lo que dize Çendubete?*

Estonçes dixieron que non devía omne dezir mal de lo que bien paresçe.

E dixo el Infante:

-*El que bien faze buen gualardón meresçe.*

El Infante dixo:

-*Yo te diré quién sabe más que yo.*

Dixo el rey:

-*¿Quién?*

Cuento 20: Puer 4 annorum
Enxenplo de los dos niños sabios e de su madre e del mançebo

-*Señor, dizen que dos moços, el uno de quatro años e el otro de çinco años, çiegos e contrechos, e todos dizen que eran más sabios que yo.*

E dixo su padre:

-*¿Cómmo fueron estos más sabios que tú?*

-*Oí dezir que un omne que nunca oié dezir de muger fermosa que non se perdía por ella, e oyó dezir de una muger fermosa, e enbió su omne a dezir que la quería muy gran bien aquella muger; e avía un fijo de quatro años. E después que el mandadero se tornó* con la respuesta (que quería fazer lo que él toviese por bien), e fuese para ella el señor, e dixo ella:

-Espera un poco e faré a mi fijo que coma, e luego me verné para ti.

-Mas -*dixo el omne*- faz lo que yo quisiere, e después que yo fuere ido, dalle as a comer.

E dixo la muger:

-¡Si tú sopieses quán sabio es, non diriés eso!

E levantóse ella e puso una caldera sobre el fuego e metió arroz, e cóxolo, e tomó un poco en la cuchara e púsogelo delante; e lloró e dixo:

-Dame más, que esto poco es.

E ella dixo:

-¿Más quieres?

E díxole:

-Más.

E dixo que le echase azeite del alcuça. Él lloró más e por todo esto non callava. E dixo el moço:

-¡Guay de ti! Nunca vi más loco que tú nin de poco seso.

Dixo el omne:

-¿En qué te semejo loco e de poco seso?

E dixo el moço:

-Yo non lloro sinon por mi pro; ¿qué te duelen mis lágremas de mis ojos? Es sana mi cabeça, e más mandóme mi padre por el mi llorar, arroz que coma quanto quisiere. Mas, ¡quál es loco e de poco seso e de mal entendimiento: el que salle de su tierra e dexa sus fijos e su aver e sus parientes por fornicar por las tierras, buscando de lo que faze daño, e enflaqueçiendo su cuerpo, e cayendo en ira de Dios!

E quando esto ovo dicho el moço, entendiendo que era más cuerdo que el viejo, e él llegóse a él, e abraçóle e falagóle, e dixo:

-Por buena fe, verdat dizes. Non cuidé que tan sesudo eras, e tan sabidor eras, e só mucho maravillado de quanto as dicho.

E arrepintióse e fizo penitençia.

E, señor -dixo el Infante-, *esta es la estoria del niño de los quatro años.*

Cuento 21: Puer 5 annorum
Enxenplo del niño de los çinco años, e de los conpañeros que le dieron el aver a la vieja

E, señor, dezirte é del niño de los çinco años.

Dixo el rey:

-Pues, di.

Dixo:

-Oí dezir que eran tres conpañeros en una mercaduría, e salieron con gran aver, e todos tres anduvieron en el camino; e acaesçió que posaron con una vieja e diéronle sus averes a guardar, e dixieron:

-Non lo dedes a ninguno en su cabo fasta que seamos todos ayuntados en uno.

E díxoles ella:

-Plázeme.

E desí entraron ellos en una huerta de la vieja por bañarse en un alverca que avía, e dixieron los dos al uno:

-Ve a la vieja e dile que te dé un peine con que nos peinemos.

E él fízolo así, e fuese para la vieja e dixo:

-Mandáronme mis conpañeros que me diésedes el aver que lo queremos contar.

Dixo:

-Non te lo daré fasta que todos vos ayuntedes en uno, así commo lo pusiestes comigo.

Dixo él:

-Llégate fasta la puerta -*e dixo*-. Catad la vieja, que dize si me lo mandades vos.

E dixieron ellos:

-Buscad e dátgelo.

E ella fue e diole el aver, e él tomólo e fue su carrera, e desta guisa engañó a sus conpañeros. E quando ellos vieron que tardava, fueron a la vieja e dixieron:

-¿Por qué fazes de tardar a nuestro conpañero?

E dixo ella:

-Dado le he el aver que me mandastes.

Dixieron ellos:

-¡Guay de ti! ¡Que nós non te mandamos dar el aver, sinon un peine!

E ella dixo:

-Levado á el aver que me diestes.

E pusieron la señal delante el alcalde, e fueron ante él, e ovieron sus razones, e judgó el alcalde que pagase el aver la vieja, pues que así lo conosçiera. E la vieja, llorando, encontró con el niño de los çinco años. E dixo el niño:

-¿Por qué lloras?

E dixo ella:

-Lloro por mi mala ventura e por mi gran mal que me vino, e, por Dios, déxame estar.

E fue el niño en pos della fasta que le dixo por qué llorava, e dixo:

-Yo te daré consejo a esta cueita que as, si me dieres un dinero con que conpre dátiles.

E dixo el niño:

-Tórnate al alcalde e di que el aver tú lo tienes, e di: '*Alcalde, mandat que trayan su conpañero, e si non, non les daré nada fasta que se ayunten todos tres en uno, commo pusieron comigo*'.

E ella tornóse para el alcalde e díxole lo que le consejara el niño, e entendió el alcalde que otrie gelo avía aconsejado, e dixo el alcalde:

-Ruégote, por Dios, vieja, que me digas quién fue aquel que te consejó.

E dixo ella:

-Un niño que me fallé en la carrera.

E enbió el alcalde a buscar al niño e duxiéronle ante el alcalde:

-¿Tú consejeste a esta vieja?

E dixo el niño:

-Yo gelo mostré.

E el alcalde fue ý muy pagado del niño e tomólo para sí e guardóse mucho por su consejo. E fue pagado de su estoria del niño de los çinco años.

Cuento 22: Senex caecus
Enxenplo del mercador del sándalo e del otro mercador

E dixo el rey:

-¿Cómmo fue eso?

-Señor, dizen de la estoria del viejo. Oí dezir una vegada que era un mercador muy rico que mercava sándalo, e preguntó en aquella tierra dó era el sándalo más caro, e fuese para allá e cargó sus bestias de sándalo para aquella tierra, e pasó por *çerca de una çibdat muy buena, e dixo entre su coraçón:* "non entraré en esta çibdat fasta que amanezca". *E él seyendo en aquel lugar, pasó una mançeba que traié su ganado de paçer, e quando ella vio la recua, preguntó que qué traié o dónde era. E fue la mançeba para su señor e dixo cómmo estavan mercadores a la puerta de la villa que traién sándalo mucho. E fue aquel omne e lo que tenía echólo en el fuego, e el mercador sintiólo que era fumo de sándalo e ovo gran miedo, e dixo a sus omnes:*

-Catad vuestras cargas que non llegue fuego a ellas, ca yo huelo fumo de sándalo.

E ellos cataron las cargas e non fallaron nada, e levantóse el mercador e fue a los pastores a ver si eran levantados, e aquel que quemava el sándalo vino al mercador, e dixo:

-¿Quién sodes, o cómo andades, e qué mercaduría traés?

E dixo él:

-Somos mercadores que traemos sándalo.

E dixo el omne:

-¡Ay, buen omne! Esta tierra non quemamos ál sinon sándalo.

Dixo el mercador:

-¿Cómmo puede ser, que yo pregunté e dixiéronme que non avía tierra más cara que ésta, nin que tanto valiese el sándalo?

Dixo el omne:

-Quien te lo dixo engañarte quiso.

E començó el mercador de quexarse e de maldezirse. Fizo gran duelo e dixo el omne:

-Por buena fe, yo he gran duelo de ti, mas -*dixo*- ya que así es, conprártelo he, e darte é lo que quisieres, e liévate e otórgamelo.

E otorgógelo el mercador e tomó el omne el sándalo e levólo a su casa. E quando amanesçió, entró el mercador a la villa, e posó en casa de una muger vieja e preguntóle cómmo valía el sándalo en esta çibdat. Dixo ella:

-Vale a peso de oro.

E arrepintióse el mercador mucho quando lo oyó, e dixo la vieja:

-Ya omne bueno, los de esta villa son engañadores e malos baratadores e nunca viene omne estraño que ellos non lo escarnescan. E guardatvos dellos.

E fuese el mercador faza el mercado e falló unos que jugavan los dados, e paróse allí e mirólos, e dixo el uno:

-¿Sabes jugar este juego?

Dixo él:

-Sí, sé.

Dixo:

-Pues, pósate. Mas -*dixo*- cata que sea tal condiçión que el que ganare, que el otro sea tenudo de fazer lo que el otro quisiere e mandare.

Dixo él:

-Sí, otorgo.

Desí asentóse él, e perdió el mercador. E dixo aquel que ganó:

-Tú as de fazer lo que yo te mandare.

Díxole él:

-Otorgo que es verdat.

Díxole:

-Pues mándote que bevas toda el agua de la mar, e non dexes cosa ninguna nin destello.

E dixo el mercador:

-Plázeme.

Dixo él:

-Dame fiadores que lo fagas.

E fuese el mercador por la calle, e fallóse con un omne que non avía sinon un ojo, e travó del mercador e dixo:

-Tú me furteste mi ojo; anda acá comigo ante el alcalde.

E dixo su huéspeda, la vieja:

-Yo só su fiador de la faz que él traiga cras ante vos.

E levólo consigo a su posada e díxole la vieja:

-¿Non te dixe e te castigué que los omnes desta villa que eran omnes malos e de mala repuelta? Mas, pues, non me quesiste creer en lo primero que te yo defendí, non seas tú agora torpe de lo que te agora diré.

E dixo el mercador:

-A buena fe, nunca te saldré de mandado de lo que tú mandares e me aconsejares.

Dixo la vieja:

-Sepas que ellos an por maestro un viejo çiego, e es muy sabidor, e ayúntanse con él todos cada noche, e dize cada uno quanto á fecho de día, mas si tú pudieses entrar con ellos a bueltas e asentarte con ellos, e dirán lo que fizieron a ti cada uno dellos, e oirás lo que les dize el viejo por lo que a ti fizieron, ca non puede seer que ellos non lo digan todo al viejo.

E desí fue el omne para allá e entró a bueltas dellos, e posóse e oyó quanto dezían al viejo. E dixo el primero que avía conprado el sándalo al mercador de qué guisa lo conprara, e que le daría quanto él quisiese. E dixo el viejo:

-Mal feziste, a guisa de omne torpe: ¿qué te semeja si él te demanda pulgas, las medias fenbras e los medios machos, e las unas çiegas e las otras coxas, e las otras verdes e las otras cárdenas, e las otras bermejas e blancas, e que non aya más de una sana? ¿Cuidas si lo podrás esto conplir?

Dixo el omne:

-Non se le menbrará a él deso que non demandará sinon dineros.

E levantóse aquel que jugara a los dados con el mercador e dixo:

-Yo jugué con ese mercador e dixe así: que si yo ganase a los dados, que fiziese lo que le yo mandase fazer, e yo mandéle que beviese toda el agua de la mar.

E dixo el viejo:

-Tan mal as fecho commo el otro: ¿qué te semeja si el otro dize: *'Yo te fiz pleito de bever toda el agua de la mar, mas vieda tú que non entre en ella río nin fuente que no caiga en la mar, estonçes la beveré'?* ¡Cata, si lo podrás tú fazer todo esto!

Levantóse el del ojo e dixo:

-Yo me encontré con ese mesmo mercador e vi que avía los ojos tales commo yo, e díxele: *'Tú, que me furtaste mi ojo, non te partas de mí fasta que me des mi ojo o lo que vale'.*

E dixo el viejo:

-Non fuste maestro nin sopiste qué te feziste: ¿qué te semeja si te dixiera: *'Saca el tuyo que te fincó e sacaré yo el mío, e veremos si se semejan, e pesémoslos e, si fueren eguales, es tuyo, e si non, non'?* E si tú esto fizieres, serás çiego, e el otro fincará con un ojo, e tú non, con ninguno, e farías mayor pérdida que non él.

E quando el mercador oyó esto, plógole mucho, e aprendiólo todo, e fuese para la posada, e díxole todo lo que le conteçiera, e tóvose por bien aconsejado de ella, e folgó esa noche en su casa. E quando amanesçió, vio aquel que le conprara el sándalo, e dixo:

-Dame mi sándalo o dame lo que posiste comigo.

E dixo:

-Escoge lo que quisieres.

E dixo el mercador:

-Dame una fanega de pulgas llena, la meitad fenbras e la meitad machos, e la meitad bermejas e la meitad verdes, e la meitad cárdenas e la meitad amarillas e la meitad blancas.

E dixo el omne:

-Darte é dineros.

Dixo el mercador:

-Non quiero sinon las pulgas.

E enplazó el mercador al omne, e fueron ante el alcalde, e mandó el alcalde que le diese las pulgas, e dixo el omne que tomase su sándalo. E así cobró el mercador su sándalo por consejo del viejo.

E vino el otro que avía jugado a los dados, e dixo:

-Cunple el pleito que posiste comigo, que bevas toda el agua de la mar.

E dixo él:

-Plázeme, con condición que tú que viedes todas las fuentes e ríos que entran en la mar.

E dixo:

-Vayamos ante el alcalde.

E dixo el alcalde:

-¿Es así esto?

E dixieron ellos que sí.

E dixo:

-Pues vieda tú que non entre más agua e dize que la beverá.

Dixo él:

-Non puede ser.

E el alcalde mandó dar por quito al mercador. E luego vino el del ojo e dixo:

-Dame mi ojo.

E dixo él:

-Plázeme. Saca tú ese tuyo e sacaré yo este mío e veremos si se semejan. E pesémoslos e, si fueren eguales, es tuyo, e si non es tuyo, págame lo que manda el derecho.

E dixo el alcalde:

-¿Qué dizes tú?

Dixo:

-¿Cómo sacaré yo el mi ojo, que luego non terné ninguno?

Dixo el alcalde:

-Pues derecho te pide.

E dixo el omne que lo non quería sacar. E dio al mercador por quito; e así acaesçió al mercador con los omnes de aquel lugar.

E dixo el Infante:

-*Señor, non te di este enxenplo sinon por que sepas las artes del mundo.*

Cuento 23: Abbas
Enxenplo de la muger e del clérigo e del fraile

E dixo el rey:

-¿Cómmo fue eso?

E dixo el Infante:

-Oí dezir de una muger, e fue su marido fuera a librar su fazienda. E ella enbió al abad a dezir que el marido non era en la villa e que viniese para la noche a su posada. El abad vino e entró en casa. E quando vino faza la media noche, vino el marido e llamó a la puerta, e dixo él:

-¿Qué será?

E dixo ella:

-Vete e escóndete en aquel palaçio fasta de día.

Entró el marido e echóse en su cama; e quando vino el día, levantóse la muger e fue a un fraile su amigo e díxole todo commo le acaesçiera, e rogóle que levase un ábito que sacase al abad que estava en su casa. E fue el fraile e dixo:

-¿Qué es de fulano?

E dixo ella:

-Non es levantado.

Entró e preguntóle por nuevas onde venía. E estovo allí fasta que fue vestido, e dixo el fraile:

-Perdóname que me quiero acoger.

Dixo él:

-Vayades en ora buena.

E en egualando con el palaçio, salió el abad vestido commo fraile. E fuese con él fasta su orden e fuese.

E, señor, non te di este enxenplo sinon que non creas a las mugeres, que son malas, que dize el sabio que "aunque se tornase la tierra papel e la mar tinta e los peçes de ella péndolas, que non podrían escrevir las maldades de las mugeres".

E el rey mandóla quemar en un caldera en seco.

Made in the USA
Middletown, DE
25 August 2023

37377746R00040